UNE AVENTURE D'ASTÉRIX

LA SERPE D'OR

TEXTE DE GOSCINNY

DESSINS DE UDERZO

DARGAUD  ÉDITEUR

PARIS · BARCELONE · BRUXELLES · LAUSANNE · LONDRES · MONTREAL · NEW YORK · STUTTGART

DANS LE MONDE : ASTÉRIX EN LANGUES ÉTRANGÈRES

AFRIQUE DU SUD
Hodder Dargaud, PO Box 548, Bergvlei, Sandtib 2012, Afrique du Sud

AMÉRIQUE HISPANOPHONE
Grijalbo-Dargaud, Aragon 385, 08013 Barcelone, Espagne

AUSTRALIE
Hodder Dargaud, Rydalmere Business Park, 10/16 South Street, Rydalmere, N.S.W. 2116, Australie

AUTRICHE
Delta Verlag, Postfach 10 12 45, 7000 Stuttgart 1, R.F.A.

BELGIQUE
Dargaud Bénélux, 3 rue Kindermans, 1050 Bruxelles, Belgique

BRÉSIL
Record Distribuidora, Rua Argentina 171, 20921 Rio de Janeiro, Brésil

CANADA
Distribution : langue française
Presse-Import, 307 Benjamin Hudon, St-Laurent, Montréal, Québec H4N 1J1, Canada
Distribution : langue anglaise
General Publishing Co. Ltd., 30 Lesmill Road, Don Mills, Ontario M38 2T6, Canada

DANEMARK
Serieforlaget AS (Groupement Gutenberghus), Vognmagergade 11, 1148 Copenhague K, Danemark

EMPIRE ROMAIN (Latin)
Delta Verlag, Postfach 10 12 45, 7000 Stuttgart 1, R.F.A.

ESPAGNE
Grijalbo-Dargaud, Aragon 385, 08013 Barcelone, Espagne

FINLANDE
Sanoma Corporation, POB 107, 00381 Helsinki, Finlande

GRÈCE
Mamouth Comix Ltd., Ippokratous 57, 106080 Athènes, Grèce

HOLLANDE
Dargaud Bénélux, 3 rue Kindermans, 1050 Bruxelles, Belgique
Distribution : Betapress, Burg. Krollaan 14, 5126 PT Jilze, Hollande

HONG KONG
Hodder Dargaud, c/o United Publishers Book Services, Stanhope House, 13th Floor, 734 King's Road, Hong Kong

HONGRIE
Egmont Pannonia, Pannonhalmi ut. 14, 1118 Budapest, Hongrie

INDONÉSIE
Pt. Sinar Harapan, Jl. Dewi Sartika 136D, Jakarta Cawang, Indonésie

ITALIE
Mondadori, Via Belvedere, 37131 Vérone, Italie

LUXEMBOURG
Imprimerie St. Paul, rue Christophe Plantin 2, Luxembourg

NORVÈGE
A/S Hjemmet (Groupement Gutenberghus), Kristian den 4des gt. 13, Oslo 1, Norvège

NOUVELLE ZELANDE
Hodder Dargaud, PO Box 3858, Auckland 1, Nouvelle Zélande

POLOGNE
Egmont Poland Ltd, ul. Juliana Falata 7, 02-534 Varsovie, Pologne

PORTUGAL
Meriberica-Liber, Av. Duque d'Avila 69, R/C esq., 1000 Lisbonne, Portugal

RÉPUBLIQUE FÉDÉRALE ALLEMANDE
Delta Verlag, Postfach 10 12 45, 7000 Stuttgart 1, R.F.A.

ROYAUME-UNI
Hodder Dargaud, Mill Road, Dunton Green, Sevenoaks, Kent TN13 2YJ, Angleterre

SUÈDE
Hemmets Journal (Groupement Gutenberghus), Fack 200 22 Malmö, Suède

SUISSE
Dargaud (Suisse) S.A., En Budron B, Le Mont sur Lausanne, Suisse

YOUGOSLAVIE
Nip Forum, Vojvode Misica 1-3, 2100 Novi Sad, Yougoslavie

Dépôt légal : octobre 1991
ISBN 2-205-00110-8
ISSN 0758-4520

Printed in CEE
groupe JL 1991

VILLAGE GAVLOIS

PETIBONVM

AQVARIVM

LAVDANVM

BABAORVM

ARMORIQVE

BELGIQVE

LVTÈCE

SPQR

GAVLE
(CONQVÊTE ROMAINE)
50 avant J.C.

CELTIQVE

AQVITAINE

PROVINCE
ROMAINE

Nous sommes en 50 avant Jésus-Christ. Toute la Gaule est occupée par les Romains... Toute? Non! Un village peuplé d'irréductibles Gaulois résiste encore et toujours à l'envahisseur. Et la vie n'est pas facile pour les garnisons de légionnaires romains des camps retranchés de Babaorum, Aquarium, Laudanum et Petitbonum...

QUELQUES GAULOIS...

Astérix, le héros de ces aventures. Petit guerrier à l'esprit malin, à l'intelligence vive, toutes les missions périlleuses lui sont confiées sans hésitation. Astérix tire sa force surhumaine de la potion magique du druide Panoramix...

Obélix, est l'inséparable ami d'Astérix. Livreur de menhirs de son état, grand amateur de sangliers, Obélix est toujours prêt à tout abandonner pour suivre Astérix dans une nouvelle aventure. Pourvu qu'il y ait des sangliers et de belles bagarres.

Panoramix, le druide vénérable du village, cueille le gui et prépare des potions magiques. Sa plus grande réussite est la potion qui donne une force surhumaine au consommateur. Mais Panoramix a d'autres recettes en réserve...

Assurancetourix, c'est le barde. Les opinions sur son talent sont partagées : lui, il trouve qu'il est génial, tous les autres pensent qu'il est innommable. Mais quand il ne dit rien, c'est un gai compagnon, fort apprécié...

Abraracourcix, enfin, est le chef de la tribu. Majestueux, courageux, ombrageux, le vieux guerrier est respecté par ses hommes, craint par ses ennemis. Abraracourcix ne craint qu'une chose : c'est que le ciel lui tombe sur la tête, mais comme il le dit lui-même: « C'est pas demain la veille ! »

Astérix et la Serpe d'Or

LE PETIT VILLAGE, FAROUCHEMENT INDÉPENDANT OÙ HABITE ASTÉRIX, LE GUERRIER GAULOIS, VIT EN PAIX...

LA CHASSE ÉTAIT BONNE ASTÉRIX ?

NON, PAS GRAND CHOSE AUJOURD'HUI...

1 A

OBÉLIX, LE TAILLEUR ET LIVREUR DE MENHIRS, TRAVAILLE DANS LA JOIE...

DOUCE GAULE...

ASSURANCETOURIX, LE BARDE, INSTRUIT LES ENFANTS...

EH BIEN JEUNE HOMME, QUI ÉTAIENT NOS ANCÊTRES ?

$VIII \times V = XL$

$$\frac{III}{+ \ I} = IV$$

?

BREF, TOUT LE MONDE VIT PAISIBLEMENT DANS L'ABONDANCE ET LA SÉRÉNITÉ

ENCORE UN SANGLIER OBÉLIX ?

OUI !

QUAND TOUT À COUP...

PAR TOUTATIS!

? ?? ? ?

1 B

QUELS SONT CES CRIS ?

C'EST LA VOIX DE PANORAMIX LE DRUIDE !

ÇA VIENT DU CHÊNE LÀ !...

SCRGNGNGNONRR... ARCHRGNGN... GNEUGNEU...

QUE SE PASSE-T-IL DRUIDE ?

PAR BÉLÉNOS, TOUTATIS ET BÉLISAMA ! J'AI CASSÉ MA SERPE D'OR !

C'EST TERRIBLE ! LE GUI, POUR AVOIR DES POUVOIRS MAGIQUES, DOIT ÊTRE CUEILLI AVEC UNE SERPE D'OR !

ÇA TOMBE MAL ! JE DOIS PARTIR BIENTÔT POUR LA FORÊT DES CARNUTES OÙ VA SE TENIR LA GRANDE ASSEMBLÉE ANNUELLE DES DRUIDES GAULOIS. SANS SERPE, JE NE PEUX Y ALLER !

IL N'Y A QU'À ACHETER UNE AUTRE SERPE !...

LES BONNES SERPES SONT RARES !

LES MEILLEURES, LES SEULES QUE J'ACCEPTE SONT CELLES QUE FABRIQUE LE CÉLÈBRE AMÉRIX, DANS LA LOINTAINE LUTÈCE...

ÇA C'EST VRAI. LES SERPES QUI VIENNENT D'AMÉRIX SONT LES MEILLEURES, C'EST BIEN CONNU...

EH OUI...

ET LUTÈCE EST LOIN... POUR Y ALLER IL FAUT TRAVERSER DES FORÊTS ENCOMBRÉES DE BARBARES ET DE BRIGANDS !...

JE SUIS PRÊT À ALLER À LUTÈCE, Ô DRUIDE !

JE TE REMERCIE POUR TON OFFRE, ASTÉRIX, MAIS JE NE PEUX PAS TE LAISSER ALLER À LUTÈCE...

J'INSISTE, Ô DRUIDE

TROP LOIN TROP DANGEREUX!

DANS CE CAS...

!

HEU... BON J'ACCEPTE!..

AH!

MOI AUSSI, JE VEUX Y ALLER! AMÉRIX C'EST UN LOINTAIN COUSIN À MOI. C'EST CELUI QUI A RÉUSSI DANS LA FAMILLE!

NOUS PARTONS AUJOURD'HUI MÊME!

JE VAIS PRÉVENIR TOUT LE MONDE!

3-A

PAR TOUTATIS ET BÉLENOS, JE VOUS SOUHAITE BONNE ROUTE ET PROMPT RETOUR AVEC UNE BELLE SERPE D'OR POUR NOTRE DRUIDE

COMPTE SUR NOUS ABRARACOURCIX, Ô NOTRE CHEF!

VOICI UN PEU DE POTION MAGIQUE QUI TE RENDRA INVINCIBLE CHAQUE FOIS QUE TU LA BOIRAS!

MERCI...

ET MAINTENANT, JE VAIS VOUS INTERPRÉTER UN CHANT DE DÉPART...

AU REVOIR...

IL SE FAIT TARD...

J'AI UN SANGLIER SUR LE FEU...

PLUS TARD...

C'EST POUR OFFRIR À AMÉRIX; LES PETITS CADEAUX ENTRETIENNENT L'AMITIÉ...

POURQUOI EMPORTES-TU CE MENHIR?

3-B

LA NUIT TOMBE OBÉLIX, NOUS ALLONS FAIRE ÉTAPE À L'AUBERGE DU BARBARE REPENTI...

ATTENTION DALLES GLISSANTES

N XII

CETTE AUBERGE EST CÉLÈBRE POUR SA SPÉCIALITÉ DE SANGLIER RÔTI.

RÔTI OU À LA CROQUE AU SEL, LE SANGLIER EST MON PLAT FAVORI!

AUBERGE DU BARBARE REPENTI

SOYEZ LES PIENFENUS!... UNE JAMPRE?

C'EST ÇÀ. ET DEUX SANGLIERS.

POUR MOI AUSSI, DEUX SANGLIERS!

VOUS PORTEREZ NOS BAGAGES À LA CHAMBRE.

???

ET OÙ FOUS ALLEZ GOMME TZA?

À LUTÈCE...

SCROTCH! SCROTCH! SCROLCH!

AAAAH! LUDETZE!...

J'EN VIENS MOI, DE LUTÈCE...

AH?

UNE BIEN BELLE VILLE, MAIS DANGEREUSE, TRÈS DANGEREUSE!

BAH, NOUS ALLONS SIMPLEMENT Y ACHETER UNE SERPE.

UNE SERPE!? MAIS C'EST TRÈS DIFFICILE DE TROUVER DES SERPES À LUTÈCE EN CE MOMENT!

NOUS AVONS UNE BONNE ADRESSE!

LE LENDEMAIN MATIN....

PON FOYATGE!...

AUBER
BARBA

DIS, ASTÉRIX, POURQUOI CROIS-TU QUE CE VOYAGEUR NOUS A DIT QUE LES SERPES SONT DIFFICILES À TROUVER À LUTÈCE ?

JE NE SAIS PAS, OBÉLIX.

PROFITONS DU VOYAGE ; NOUS NOUS INQUIÈTERONS PLUS TARD...

AVEC LEURS CONSTRUCTIONS MODERNES, LES ROMAINS GÂCHENT LE PAYSAGE !

LE VOYAGE DE NOS AMIS SE POURSUIT SANS INCIDENTS NOTABLES. QUELQUES BAGARRES AVEC DES BRIGANDS DE RENCONTRE...

... À SUINDINUM, ASTÉRIX ET OBÉLIX NE TROUVÈRENT PAS À SE LOGER, CAR C'ÉTAIT JUSTEMENT LE JOUR DE LA GRANDE COURSE DE CHARS À BOEUFS: LES 24 HEURES DE SUINDINUM...

ET ENFIN, UN JOUR...

OBÉLIX! REGARDE!

LUTÈCE!...

QUE C'EST GRAND !

QUE DE MONDE ! COMMENT PEUT-ON VIVRE ICI ?. L'AIR EST VICIÉ !

CHERCHONS VITE LA MAISON D'AMÉRIX !

VA DONC EH, BARBARE !

TU TE PRENDS POUR BEN HUR ?

NOUS ALLONS DEMANDER AU PÊCHEUR, LÀ-BAS, IL A L'AIR BIEN TRANQUILLE...

ÇA MORD ?

AVEC TOUTES LES SALETÉS QUE LES GENS JETTENT DANS LE FLEUVE, IL N'Y A PLUS DE POISSONS ! TOUT CE QUE JE PÊCHE DEPUIS CE MATIN CE SONT DES AMPHORES VIDES !..

LA MAISON D'AMÉRIX S'IL VOUS PLAÎT !

LE MARCHAND DE SERPES ? TROISIÈME RUE À DROITE.

CHEZ AMÉRIX
SPÉCIALITÉ DE SERPES POUR DRUIDES
ARTICLES DE LUTÈCE
ANTIQUITÉS

VOUS VENEZ DES PROVINCHES DU BORD DE LA GRANDE MER ?

À QUOI VOYEZ-VOUS ÇÀ ?

CH'EST À VOTRE MENHIR QUE CHE VOIS CHA.CHE CHUIS TRÈS PERCHPICACHE !

MOI CHE CHUIS ARVERNE, DES ENVIRONS DE CHERGOVIE...

CHERGOVIE ?

GERGOVIE !

DITES-MOI, L'AMI. CONNAISSEZ-VOUS AMÉRIX, LE MARCHAND DE SERPES ?

AMÉRIXCHE ?!!

CHE NE CONNAIS PERCHONNE DE CHE NOM LÀ ! VIDEZ VOS ÉCUELLES, CHE DOIS FERMER !

?

!

CHEZ LE JOYEUX ARVERNE

VINS D'AQUITAINE   CERVOISE

VLAN!

FERMÉ POUR CAUSE MALADIE

VINS

FERMÉ POUR CAUSE MALADIE

CRiiiii

CHEZ LE J

VINS D'AQUITAINE

BOUM! BOUM!

QUE VEUX-TU?

CHE VIENS VOUS PRÉVENIR QUE DEUX HOMMES CHERCHENT AMÉRIXCHE!

AMÉRIX?.. TIENS TIENS... ET COMMENT SONT CES HOMMES?..

PAS DE CHIGNES DICHTINCTIFS. UN GROS GAULOIS ET UN PETIT GAULOIS.

AH, CHI! CH'OUBLIAIS. IL Y EN A UN QUI CHE PROMÈNE AVEC UN MENHIR!

UN MENHIR?

BON, FILE ET SOIS DISCRET SI TU VEUX RESTER EN VIE!

CHOYEZ TRANQUILLE! CHE CHERAI MUET COMME UN DOLMEN!

ET MAINTENANT, ESSAYONS DE RETROUVER CES DEUX CURIEUX...

10.A

PAR BÉLÉNOS, JE CROIS QUE J'AI DE LA CHANCE!

SI NOUS REVENONS SANS SERPE, NOTRE DRUIDE NE POURRA PAS ALLER À LA FORÊT DES CARNUTES RENCONTRER LES AUTRES DRUIDES; C'EST TRÈS GRAVE!

ET MOI, JE SUIS INQUIET POUR MON COUSIN AMÉRIX!

TU N'AS RIEN REMARQUÉ D'ÉTRANGE CHEZ CET ARVERNE?

OUI, SON ACCENT.

10.B

JE M'EXCUSE DE MA MALADRESSE...

CE N'EST RIEN!

MAIS NON MAIS NON...

VOUS ME SEMBLEZ ÉTRANGERS DANS NOTRE GRANDE VILLE. PEUT-ÊTRE POURRAIS-JE VOUS AIDER ?

NOUS CHERCHONS AMÉRIX...

AMÉRIX ? MAIS C'EST MON MEILLEUR AMI ! ET POURQUOI LE CHERCHEZ-VOUS ?

CE QUE C'EST QUE LE HASARD, TOUT DE MÊME !

NOUS VOULONS ACHETER UNE SERPE D'OR CHEZ AMÉRIX.

AH, PARFAIT, PARFAIT!

AMÉRIX A PRIS SA RETRAITE. IL A QUITTÉ LUTÈCE.

OH!

MAIS CE N'EST RIEN. VENEZ AVEC MOI, JE PEUX VOUS PROCURER DES SERPES À DES PRIX INTÉRESSANTS!

C'EST QUE...

ET QU'EST-CE QUE JE VAIS FAIRE DE MON MENHIR, MOI ?

SI VOUS VOULEZ DÉPOSER VOS AFFAIRES...

VESTIAIRE!

15

17

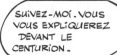

AVE CENTURION!

AVE DÉCURION! QUE SE PASSE-T-IL?

CES DEUX HOMMES ONT DÉTRUIT L'ÉTABLISSEMENT D'AVORANFIX...

ALORS, EN SOMME, SI JE COMPRENDS BIEN, UN CENTURION, C'EST PLUS QU'UN DÉCURION?

DIX FOIS PLUS!

UNE BONNE CHOSE DE FAITE. QU'ON METTE CES DEUX GAULOIS EN PRISON. NOUS LES JUGERONS SI NOUS Y PENSONS...

PAR TOUTATIS! JE COMMENCE À EN AVOIR ASSEZ!... AH MAIS!!!

SILENCE, GAULOIS!

JE SENS QUE JE VAIS BRISER LA PAIX ROMAINE!!!

AH OUI?!

OUI!!!

ALORS, ON Y VA? ON Y VA?

PAX, MESSIEURS, PAX!

LE PRÉFET EST DÉRANGÉ PAR VOS CRIS PENDANT SON REPAS. IL VEUT QUE VOUS ALLIEZ LUI EXPLIQUER CE QUI SE PASSE...

VOUS VOYEZ CE QUE VOUS AVEZ FAIT? VOUS AVEZ DÉRANGÉ LE PRÉFET DE LUTÈCE. MAINTENANT VOUS ALLEZ VOUS EXPLIQUER DEVANT LUI!

ET AU-DESSUS D'UN CENTURION, C'EST UN MILLURION?

AVE, Ô GRACCHUS PLEINDASTUS

AVE, MON VIEUX, AVE...

QUELS SONT CES GENS QUI TROUBLENT MON REPAS?

DES GAULOIS! IL S'AGIT D'UNE BAGARRE ENTRE GAULOIS.

JE SUIS LAS DES GAULOIS. ILS SE BATTENT TOUT LE TEMPS. C'EST D'UN ENNUI...

CES DEUX GAULOIS ONT DÉTRUIT L'ÉTABLISSEMENT D'AVORANFIX.

VOUS AVIEZ BU TROP DE CERVOISE?

NON. NOUS VOULIONS SIMPLEMENT ACHETER UNE SERPE D'OR POUR NOTRE DRUIDE.

J'AI TOUJOURS PENSÉ QU'AVORANFIX ÉTAIT MÊLÉ À CETTE HISTOIRE DE TRAFIC DE SERPES...

O, GRACCHUS PLEINDASTUS, TA PERSPICACITÉ EST GRANDE!

BON, ÇA VA, ÇA VA... RELÂCHEZ CES GAULOIS, ILS M'ENNUIENT... JE SUIS LAS, LAS, LAS...

QU'EST-CE QUE C'EST QUE CETTE HISTOIRE DE TRAFIC DE SERPES?

IL EXISTE À LUTÈCE UNE BANDE DE TRAFIQUANTS DE SERPES D'OR. LES SERPES SONT TRÈS DEMANDÉES À CAUSE DE LA RÉUNION DE LA FORÊT DES CARNUTES...

ÇA VEUT DIRE QUOI :"JE SUIS LALALA?

ON NE TROUVE LES SERPES QUE CHEZ CES TRAFIQUANTS. SURTOUT DEPUIS QU'AMÉRIX, LE SERPISTE, A DISPARU SANS LAISSER D'ADRESSE...

MAIS ALORS... AMÉRIX A PEUT-ÊTRE ÉTÉ ENLEVÉ PAR LES TRAFIQUANTS?

ENLEVÉ OU TUÉ... ALLEZ, BON VENT ET N'Y REVENEZ PLUS...

OOOUiiiiN! MON PAUVRE COUSIN AMÉRIX!

20

OUiNNNN! MON PAUVRE COUSIN AMÉRIX!

NOUS LE RETROUVE-RONS, OBÉLIX, ET D'ABORD...COMMENT EST-IL, TON COUSIN?

COMMENT IL EST? JE NE SAIS PAS MOI, PUISQUE JE NE L'AI JAMAIS VU.

!

ALLONS CHEZ LUI. PEUT-ÊTRE Y DÉCOUVRIRONS-NOUS QUELQUE CHOSE...

C'EST VRAI ÇA. COMMENT VEUT-IL QUE JE SACHE COMMENT IL EST SI JE NE L'AI JAMAIS VU... IL NE RÉFLÉCHIT PAS, ASTÉRIX!

PORTE CLOSE BIEN SÛR...

LAISSE, JE VAIS OUVRIR...

CRRRAAK!

ET VOILÀ!

QUEL DÉSORDRE! C'EST DRÔLE, DANS MA FAMILLE ON EST PLUTÔT RANGÉS...

IL Y A EU UNE BATAILLE ICI. REGARDE, AMÉRIX A LAISSÉ SES AFFAIRES ET SES USTENSILES DE CUISINE...

PAR CONTRE, IL MANQUE SES OUTILS, SES SERPES ET SON OR. TON COUSIN A ÉTÉ EMMENÉ PAR LES TRAFIQUANTS DE SERPES!..

OOUUIiiiNN! PAUVRE AMÉRIX!!!

ÇA PROUVE QU'AMÉRIX EST EN VIE! PAR TOUTATIS, NOUS LE RETROUVERONS

CHIC!

NOUS ALLONS NOUS INSTALLER ICI. ET POUR COMMENCER, NOUS ALLONS FAIRE NOTRE MARCHÉ.

TRÈS BONNE IDÉE!

PLUS TARD...

LE SANGLIER EST HORS DE PRIX À LUTÈCE!

ET LE MARCHAND A DIT QUE LES PRIX ALLAIENT ENCORE MONTER. PAUVRE GAULE!

17

LE SOLEIL SE LÈVE SUR LUTÈCE, SALUÉ PAR UN COQ GAULOIS ET MATINAL...

COCORICOOOO!

DEBOUT, OBÉLIX! NOUS ALLONS COMMENCER NOS RECHERCHES!

OUI! IL FAUT RETROUVER AMÉRIX.

ALLONS CHEZ LE MARCHAND ARVERNE; CELUI-LÀ, IL SAIT QUELQUE CHOSE!

AU SOLEIL DE MASSALIA

OH!

POURRIEZ-VOUS NOUS DIRE OÙ SE TROUVE L'ARVERNE QUI...

TÉ, VOUS VOULEZ PARLER SANS DOUTE DE L'ANCIEN PROPRIÉTAIRE?

CE GAULOIS FADA, IL M'A VENDU SA BOUTIQUE POUR UNE POIGNÉE DE PIÈCES DE BRONZE!!! MAIS VOUS NE PERDEZ RIEN AU CHANGE!

JE PEUX VOUS SERVIR MA SPÉCIALITÉ: LA SOUPE AU POISSON! DES POISSONS TOUT FRAIS QUI VIENNENT D'ARRIVER DE MASSALIA PAR CHAR À BŒUFS!

VOUS NE SAVEZ PAS OÙ IL EST PARTI, L'ARVERNE?

VÉ! IL EST PARTI CE MATIN POUR GERGOVIE, PAR CHAR À BŒUFS, COMME LE POISSON!

AU SOLEIL DE MASSALIA

PEUCHÈRE! VOUS SERIEZ VENUS UN PEU PLUS TÔT, VOUS LE TROUVIEZ ENCORE!

MERCI!

CES LUTÉCIENS, TOUS DES FADAS, OH, BONNE BÉLISAMA!

NOUS ALLONS RATTRAPER L'ARVERNE SUR LA ROUTE DE GERGOVIE.

BON!

IL NE DOIT PAS ÊTRE LOIN ET À PIED, ON VA AUSSI VITE QUE LES BŒUFS!

BIEN SÛR! LES BŒUFS SONT À PIED EUX AUSSI!

LA ROUTE DE GERGOVIE, S'IL VOUS PLAIT?

PRENEZ LA VOIE ROMAINE VII.

QUELLE CIRCULATION!

LES JOURS DE BEAU TEMPS, IL DOIT Y AVOIR DES AMPHORISAGES!

VOIE ROMAINE XII
AGEDINCUM
LUGDUNUM
GERGOVIE

RALENTISSEZ! ESCLAVES AU TRAVAIL

ÇA, C'EST DU SPORT!

CE SONT DES FOUS! FAIS PLUTÔT ATTENTION À TES BŒUFS!.. UN ACCIDENT EST SI VITE ARRIVÉ!

JE NE VOIS TOUJOURS PAS NOTRE ARVERNE...

PEUT-ÊTRE CE CHAR EN HAUT DE LA CÔTE LÀ-BAS...

CHE...CHE CHONT EUX!!!

19

L'ARVERNE, LÀ-BAS!

ALLONS-Y!

ET LA FOLLE POURSUITE S'ENGAGE!

HUE! HUE!

JE VAIS DOUBLER!

BONG!

QU'ECH-QUI VOUS PREND? QU'ECH-QUE VOUS VOULEZ?

OÙ EST AMÉRIX? DIS-NOUS TOUT CE QUE TU SAIS!

TU REFUSES?

ACHEZ! ACHEZ!

LAISSE-LE MOI, ASTÉRIX, LAISSE-LE MOI!

UN JOUR, DES HOMMES CHONT VENUS ET ONT EMMENÉ AMÉRIXCHE... MOI, JE PACHAIS PAR LÀ, ET LES HOMMES ONT VOULÛ M'EMMENER AUCHI...

PUIS, UN DES HOMMES, LENTIXCHE, M'A LAISSÉ PARTIR À CONDI-CHION QUE JE LUI DISE SI DES GENS CHERCHAIENT AMÉRIXCHE. ILS ONT FAIT DE MOI LEUR COMPLICHE, MAIS JE SUIS INNOCHENT!

BON! L'ARVERNE NOUS A DONNÉ L'ADRESSE DE CE LENTIX... NOUS Y ALLONS!

ON AURAIT DÛ GARDER UN BŒUF POUR LE GOÛTER...

PLUS JAMAIS JE NE REMETTRAI LES PIEDS À LUTÈCHE!

20

D'APRÈS CE QUE NOUS A DIT L'ARVERNE LA MAISON DE LENTIX, C'EST LÀ!

OUVRE, LENTIX! OUVRE PAR TOUTATIS!

ON DÉFONCE?

BOUM! BOUM!

ON DÉFONCE!

AH!

CRÂAC!

PERSONNE!

FOUILLONS PARTOUT!

BANG! CRAC! BING!

?

BLING! BLANG! BADABLONG! CRAC!

PAR MINERVE! ENCORE VOUS!!!

ALLEZ! MARCHEZ!

ON DÉFONCE?

NON, OBÉLIX, PAS MAINTENANT

PEU APRÈS...

QUAND JE PENSE QUE NOUS SOMMES SIMPLEMENT VENUS ACHETER UNE SERPE!

VIVE VERCINGÉ...HIC! ...TORIX!

ET VOUS ?.. POURQUOI ÊTES-VOUS ICI ?... HIC!

NOUS CHERCHONS UN NOMMÉ LENTIX...

(SOUPIR)

JE LE CONNAIS! IL...HIC! ...TRAVAILLAIT DANS L'ÉTA--BLISSEMENT D'AVORANFIX!

CHEZ AVORANFIX, IL Y AVAIT UN PETIT VIN NARBONNAIS, QUI...HIC! NE DEVAIT RIEN À PERSONNE ... MAIS MAINTENANT C'EST FERMÉ ...HIC! ...FINI!

C'EST TRISTE! TRIIIIIIISTE! BOUHOU ...HIC! HOUUUUUU...

ET TU NE SAIS PAS OÙ ILS AURAIENT PU ALLER, AVORANFIX ET LENTIX?

NON ...SNIF!... J'AI ENTENDU SOUVENT AVORANFIX DONNER RENDEZ-VOUS À LENTIX, SOUS LE DOLMEN ...HIC!

SOUS LE DOLMEN?

C'EST UNE PISTE, FAIBLE, MAIS UNE PISTE! SORTONS D'ICI!

BON

CRÂÂC!

?

VIVE VERGINCÉ...VERCÉGIN... HIC! ...VERCÉGINTORIX!

22

ALERTE ! À L'AIDE ! LES PRISONNIERS S'ÉVADENT !

TOI, TU NE PENSES QU'À T'AMUSER OBÉLIX, ALORS QUE NOUS AVONS TANT DE CHOSES IMPORTANTES À FAIRE !

ARRÊTEZ, PAR MERCURE ! LE PRÉFET MON MAÎTRE SE PLAINT DU BRUIT. IL COMMANDE QUE VOUS ALLIEZ LUI EXPLIQUER CE QUI SE PASSE !

ENCORE VOUS, GAULOIS ? VOUS ME DÉRANGEZ DANS MON ENNUI ET DANS MON REPAS.

ILS ONT DÉMOLI UNE MAISON, LA PORTE DE LA PRISON ET SEPT LÉGIONNAIRES !

CE RÉCIT M'A PRESQUE AMUSÉ. C'EST TRÈS BIEN. EN RÉCOMPENSE, JE RENDS LA LIBERTÉ À CES DEUX GAULOIS !

PEU APRÈS...

VIVE VERGÉTOCÉTRIGE...

27

IL FAUT QUE NOUS TROUVIONS LE DOLMEN QUI SERT DE LIEU DE RENDEZ-VOUS À LENTIX ET AVORANFIX !

ÇA NE VA PAS ÊTRE FACILE...

VINS D'AQUITAINE SAINGESIX

QUI SAIT ? LES LUTÉCIENS NE DOIVENT PAS AVOIR BEAUCOUP DE DOLMENS...

LES PAUVRES !

JE PENSE QUE LÀ-BAS, ON POURRA NOUS RENSEIGNER...

Visitez Lutèce

CLAUDIUS METROBUS GUIDE

ON PARLE LATIN
ON PARLE CELTE
ON PARLE GERMAIN

VOUS VOULEZ VISITER NOTRE BELLE CITÉ ?...

NON. NOUS VOULONS VOIR DES DOLMENS !

LES NUITS DE LUTÈCE

SES LUMIÈRES SES JOIES SA GAÎTÉ
3 S

MAIS NOUS N'AVONS PAS DE DOLMENS, PAR ICI !

(SOUPIR) LES PAUVRES !...

JE SUIS SÛR QU'IL EN EXISTE AU MOINS UN !

ATTENDEZ... EN EFFET... J'AI ENTENDU PARLER D'UN DOLMEN QUI SE TROUVERAIT DANS LA FORÊT... LA FORÊT DU CÔTÉ OÙ LE SOLEIL SE COUCHE...

PARFAIT ! CONDUISEZ-NOUS À CETTE FORÊT !

NON ! IL Y A DES LOUPS ET DES BRIGANDS DANS CETTE FORÊT !

VOUS NE PRÉFÉREZ PAS UNE VISITE DE LUTÈCE LA NUIT ?... TROIS SESTERCES, CERVOISE À VOLONTÉ !

NON, MERCI !...

ALLONS CHERCHER CETTE FORÊT QUI SE TROUVE DU CÔTÉ OÙ LE SOLEIL SE COUCHE !

UN SEUL DOLMEN... LES PAUVRES !

visitez Lutèce

24

BÉLÉNOS, LE DIEU SOLEIL LUI-MÊME NOUS MONTRE LA ROUTE À SUIVRE!...

ÇA C'EST GENTIL!

TU N'AS PAS PEUR DE TROUVER DES LOUPS?...

NON, MAIS J'ESPÈRE QUE NOUS TROUVERONS AUSSI DES SANGLIERS PARCE QUE J'AI FAIM ET JE N'AIME PAS LE LOUP!..

NOUS TROUVERONS AUSSI DES BRIGANDS!

AH NON! JE NE MANGE PAS DE ÇA!

NOS DEUX GAULOIS AVANCENT VERS LA FORÊT TOUFFUE QUI NE SAIT PAS ENCORE QU'ELLE DEVIENDRA LE BOIS DE BOULOGNE....

OÙ ALLEZ-VOUS?

DANS LA FORÊT!

C'EST DANGEREUX LA FORÊT LA NUIT! IL Y A DES LOUPS ET DES BRIGANDS!

BAH! NOUS LES GAULOIS, NOUS NE CONNAISSONS PAS LA PEUR!

ÇA C'EST PAS VRAI! JE SUIS GAULOIS ET JE SUIS PEUREUX!

QU'ALLONS-NOUS TROUVER D'ABORD; DES LOUPS OU DES BRIGANDS?

SI ON FAISAIT UN PARI?

SI C'EST DES LOUPS, TU PAIES UNE TOURNÉE DE CERVOISE; SI C'EST DES BRIGANDS, C'EST MOI QUI PAIE!

TENU

HOUOUOUOUOUOU

DES LOUPS! J'AI GAGNÉ!

SALES BÊTES!

LES HURLEMENTS VIENNENT DE-LÀ...

C'EST TOUJOURS MOI QUI PERDS LES PARIS ! C'EST PAS JUSTE !

OUOUOUOUOU

OUOUOUOUOUOU

QU'EST-CE QUE JE DISAIS ?

OH, JE SAIS, MÔSSIEU ASTÉRIX, C'EST LE PLUS INTELLIGENT, MÔSSIEU ASTÉRIX SAIT TOUT !

OUOUOUOU

IL DOIT Y AVOIR QUELQUE CHOSE À MANGER LÀ HAUT...

À MOI !!!

OUOUOUOU

QU'EST-CE QUE JE DISAIS ?

N'EMPÊCHE QUE TU AS PERDU TON PARI, TOUT MALIN QUE TU ES !

CE N'EST PAS DU JEU ! LE PARI, C'EST TOI QUI L'AS DÉCIDÉ !

NE SOIS PAS MAUVAIS JOUEUR, OBÉLIX !

OUOUOUOU

JE NE VOUDRAIS PAS VOUS INTERROMPRE, MAIS POURRIEZ-VOUS ENVISAGER DE ME PORTER ASSISTANCE ?

OUOUOUOUOU

ON ARRIVE !

VOUS ÊTES BIEN BONS.

GRRRRRRRRRR

SALES BÊTES ! SALES BÊTES ! ET ÇA NE SE MANGE MÊME PAS !

ALLEZ ! COUCOUCHE PANIER !

PAF !

BOP !

KAÏ KAÏ

KAÏ ! KAÏ ! KAÏ !

VOUS POUVEZ DESCENDRE, IL N'Y A PLUS QUE NOUS !

C'EST BIEN VRAI ?

BOUH !

!?

26

JE VOUS REMERCIE MESSIEURS

QUI ES-TU ?

J'SUIS UN BRIGAND...

!

TU NE POUVAIS PAS ARRIVER UN PEU PLUS TÔT, NON ?.. J'AURAIS GAGNÉ MON PARI

LACHEZ-MOI !

BON !

BOP!

DIS-MOI, BRIGAND, CONNAIS-TU UN DOLMEN DANS CETTE FORÊT ?

IL Y A UN DOLMEN PRÈS DU GROS CHÊNE AU CENTRE DE LA FORÊT...

PARFAIT ! TU VAS NOUS Y CONDUIRE !...

DANS LA FORÊT ? A CETTE HEURE-CI ??

!!

JE SUIS BRIGAND, MAIS JE NE SUIS PAS FOU !!!

ON LE RATTRAPE ?

PAS LA PEINE. NOUS TROUVERONS BIEN TOUT SEULS

BRAOUM !

ON N'Y VOIT PLUS RIEN ET IL PLEUT !

OUI OBÉLIX ...JE SUIS COMPLÈTEMENT PERDU ! RÉFUGIONS-NOUS ICI...

27

LA PLUIE S'EN VA ET LA LUNE ARRIVE...

OUI, MAIS NOUS SOMMES PERDUS.

JE COMMENCE À ME DEMANDER SI NOUS LE RETROUVERONS, CE DOLMEN...

OUINNNNN!! PAUVRE AMÉRIX! JAMAIS NOUS NE LE SAUVERONS! OUINNNN!

MAIS!?. MAIS!?

SNIF!

C'EST LE DOLMEN, OBÉLIX! NOUS L'AVONS TROUVÉ!

C'EST BIEN ÇA! REGARDE! LE GROS CHÊNE!

AMÉRIX EST SAUVÉ! AMÉRIX EST SAUVÉ!

ET MAINTENANT, QU'EST-CE QU'ON FAIT, ASTÉRIX?

CE DOLMEN EST UN LIEU DE RENDEZ-VOUS POUR LES TRAFICANTS DE SERPES... NOUS ALLONS NOUS METTRE À L'AFFÛT!

LES HEURES ONT PASSÉ ET LE DIEU SOLEIL EST REVENU PRENDRE SA PLACE DANS LE CIEL...

RÉVEILLE-TOI, OBÉLIX! ON VIENT!

!

12-60

28

C'EST LENTIX!
ON Y VA?

NON, OBÉLIX, SILENCE!

ET POURQUOI
ON N'Y VA PAS?

CHUT, OBÉLIX!

SCPZOURTCH
ACRNBGLOF
TRNMBTZZ

SI TU NE M'EXPLIQUES PAS, J'Y VAIS!
ET PUIS APRÈS, JE BOUDE!

JE VEUX SAVOIR OÙ IL VA,
OBÉLIX; MAINTENANT, SILENCE!
OBSERVONS-LE!

OH!

IL A DISPARU!
?!?

C'EST DE TA FAUTE
OBÉLIX, TU M'AS
EMPÊCHÉ DE REGARDER!

C'EST TOI QUI
AURAIS DÛ ME
LAISSER Y ALLER!

CES TRACES
NE CONDUISENT
NULLE PART...

IL Y A PEUT-ÊTRE
UNE SORTE DE
TRAPPE...

JE CHERCHE'...

J'AI TROUVÉ!!

12.60   II 29

33

ATTENDS-MOI, OBÉLIX! JE PRENDS UNE RASADE DE POTION MAGIQUE...

...ET JE TE SUIS!

PAR TOUTATIS!

ON LE SUIT, LE SOUTERRAIN?

ON LE SUIT!

BOP!

DE LA LUMIÈRE LÀ-BAS...

PAR BÉLÉNOS!

PAR TOUS LES SANGLIERS!

QUE LE CIEL ME TOMBE SUR LA TÊTE!.. DES SERPES D'OR! DES MILLIERS DE SERPES D'OR!

JE DIRAIS MÊME, DES DIZAINES DE SERPES D'OR!

POUR PETITS DRUIDES

POUR MOYENS DRUIDES

POUR DRUIDES FORTS

POUR GRANDS DRUIDES

NOTRE DÉPÔT DE SERPES VOUS INTÉRESSE?...

SAISISSEZ-LES!

C'EST ÇA! SAISISSEZ-NOUS!

OH OUI! OH OUI!

LES CHAUDS RAYONS D'UN SOLEIL BRILLANT ILLUMINENT UN CIEL LIMPIDE...

...LES PETITS OISEAUX GAZOUILLENT SUR LES BRANCHES ACCUEILLANTES...

...LES ÉCUREUILS GAMBADENT SUR LE SOL MOUSSU...

...TANDIS QUE SOUS LE SOL MOUSSU...

BOING! PLAF! AÏE! EEEEH

VAS-Y OBÉLIX!

OUI ASTÉRIX!

BOUM!

IL EN RESTE ENCORE, ASTÉRIX?

NON, OBÉLIX, TU ES EN TRAIN DE FINIR LE DERNIER....

BONG! BONG! BONG!

FUYONS! FUYONS PRÉVENIR LE CHEF!

MAIS DIS-MOI, OBÉLIX... JE NE TROUVE PAS AVORANFIX! JE SUIS INQUIET...

IL N'A RIEN PU LUI ARRIVER, IL ÉTAIT LÀ TOUT À L'HEURE!

EN TOUT CAS, JE TIENS LENTIX.

C'EST TOUJOURS ÇA...

37

36

PAR APOLLON!!! ENCORE VOUS!

JE PEUX EN DIRE AUTANT, ROMAIN!

?

EMPAREZ-VOUS DE CES DEUX HOMMES!!!

ÉCOUTEZ, SOYEZ RAISONNABLE...

ON Y VA ASTÉRIX?

NON, OBÉLIX; JE SUIS SÛR QUE NOUS PARVIENDRONS À NOUS EXPLIQUER...

ET MON ESCALOPE PREMIER CHOIX? QUI ME PAIERA MON ESCALOPE PREMIER CHOIX?

PEU APRÈS...

AVÉ, CENTURION! JE RAMÈNE DEUX GAULOIS!

PAR TOUS LES DIEUX, CE SONT DES HABITUÉS!...

ET MON ESCALOPE?...

ÉCOUTE, ROMAIN, NOUS ALLONS T'EXPLIQUER...

RIEN! QU'ON LES COUVRE DE CHAÎNES ET QU'ON LES ENFERME SÉPARÉMENT!

...PREMIER CHOIX!...

ET QU'EST-CE QUE VOUS ALLEZ FAIRE AU SUJET DE MON ESCALOPE PREMIER CHOIX?

JE VAIS VOUS MONTRER CE QUE JE VAIS FAIRE AU SUJET DE VOTRE ESCALOPE PREMIER CHOIX!!!

PLUS TARD...

TU AS RETROUVÉ LE VOLEUR?

NON! DONNE-MOI UNE ESCALOPE!

34

41

MOI, J'AI CHOIF... HIC! CE LIQUIDE QUE J'AI BU NE M'A PAS DÉSALTÉRÉ !

CELUI-LÀ ! ARRÊTEZ-LE !

HIC!

LAISSEZ-MOI SORTIR ! JE VAIS BOIRE UNE CERVOISE ET JE... HIC! REVIENS !

PAF!

POC!

HIC?

CLANG!

CLONC!

AH MAIS !.. VIVE VERCINGÉTO... VIVE MACHIN !..
HIC!

PENDANT CE TEMPS...

MAIS OÙ EST DONC LA SORTIE ?

HALTE!

!

N'ENTREZ PAS LÀ ! C'EST LÀ QUE SE TROUVE GRACCHUS PLEINDASTUS, LE PRÉFET !

PARFAIT! ON VA LUI DIRE DEUX MOTS AU PRÉFET !

BANG!

OOOOH!!

38

ET AMÉRIX, OÙ EST AMÉRIX ?

OUI, MON PETIT COUSIN CHÉRI

LE FABRICANT DE SERPES QUE J'AI FAIT CAPTURER ? IL EST DANS LA CAVE AU FRAIS...

ALLONS-Y !

VRAIMENT, TU NE VEUX PAS DE POULET, AVORANFIX ?

J'AI PAS FAIM... PAS FAIM DU TOUT !

AMÉRIX!

!!!

JE SUIS OBÉLIX ! TON COUSIN !

OBÉLIX ?

JE SUIS BIEN CONTENT.

ET ÇA C'EST MON AMI ASTÉRIX !

ENCHANTÉ !

EUH...VOUS ÊTES PRISONNIERS AUSSI, OU VOUS VENEZ ME DÉLIVRER ?

TU ES LIBRE AMÉRIX, LIBRE !

ENLEVEZ LES CHAÎNES DE CELUI-CI ET METTEZ LES CHAÎNES AUX AUTRES !

ENFIN, UN PEU DE DISTRACTION ! CÉSAR, QUAND IL SAURA QUE J'AI MAL TOURNÉ, IL SERA FURIEUX ! IL NOUS CONDAMNERA À RAMER SUR SES GALÈRES, OU MIEUX ENCORE, À ÊTRE DÉVORÉS PAR SES LIONS AU CIRQUE... ON VA RIRE !

OH, POUR ÇA, ON VA RIRE...

2-61

40

46

ILS SONT FOUS
CES ROMAINS !